Werner Krotz

Blätter des Dao

Gedichte zum Daodejing

Werner Krotz

Blätter des Dao

Gedichte zum Daodejing

Verlag: tao.de in Kamphausen Media GmbH

Bibliographische Information der Deutschen Bibliothek: Die Deutsche Bibliothek verzeichnet diese Publikation in der Deutschen Nationalbibliographie; detaillierte bibliographische Daten sind im Internet über http://dnb.d-nb.de abrufbar.

Verlag: tao.de in Kamphausen Media GmbH, Bielefeld

Druck in Deutschland und weiteren Ländern

ISBN
978-3-96240-159-7 (Paperback)
978-3-96240-160-3 (Hardcover)
978-3-96240-161-0 (e-Book)

Inhaltsverzeichnis

Vorwort

Der Titel des Buches, das Sie in Händen halten, ist mehrdeutig. Die Texte habe ich mit einem Bleistift vor allem im Jahr 1991 auf Papierblätter geschrieben und im Jahr 2018 noch einmal vorsichtig, nicht eingreifend überarbeitet. Zu denken ist aber auch an die Blätter von Bäumen, die uns mit der Luft zum Atmen versorgen. Und das zugleich Unbegreifliche und Nährende ist das Dao.

Das Wort „Dao" kann nach der Brockhaus-Enzyklopädie mit „Bahn" oder „Weg" übersetzt, aber auch als Chiffre für den Welturgrund verstanden werden. Das Kapitel 25 des Daodejing beginnt mit einer vorsichtigen Beschreibung, die zu den Sätzen führt: „Ich weiß seinen Namen nicht. Nenne es Dao." Daran habe ich mich gehalten. In meinen Texten habe ich das Wort „Dao" nicht übersetzt.

Im Jahr 1982 habe ich die Ausgabe des Daodejing aus dem Irisiana Verlag geschenkt bekommen, die mir ein Wegbegleiter war und ist. Die Übersetzung ins Englische ist von Gia-Fu Feng. Die deutsche Übersetzung aus dem Englischen ist von Sylvia Luetjohann.

Im Jahr 2008 habe ich eine neue Bearbeitung des Daodejing gewagt, die unter dem Titel „Hände weg, doch pack an" im Persimplex Verlag erschienen ist. Eine verbesserte Neuauflage dieses Buches unter dem Titel „Blüten des Dao" ist in Planung.

Nun folgt das Vorwort, wie ich es im Jahr 1991 verfasst und jetzt nur geringfügig geändert habe.

Das Daodejing wird dem legendären Weisen Laozi zugeschrieben, der im 6. Jahrhundert v. Chr. gelebt haben soll. Das Daodejing ist eines der grundlegenden spirituellen Bücher der Menschheit. Hier wird der Urgrund dargestellt und die Wege, die dieser Urgrund in der Welt geht. Doch ist das Dao nicht der Urgrund und nicht der Weg, es geht über alle Erklärungen hinaus. Das Sein des Dao ist zugleich sein Nichten, das Wirken zugleich sein Ruhen, die Fülle, in der es erscheint, zugleich die Leere, in der es wesentlich anwesend ist.

Das zu erfassen bedeutet tägliche Übung. Als ein Teil solcher Übung sind die vorliegenden Texte zum Daodejing entstanden. Lies täglich ein Kapitel des Daodejing und antworte darauf mit einem Text oder auch mit mehreren Texten. Tu das 81 Tage lang. Lass acht Jahre verstreichen und deine

Lebenserfahrung zunehmen, dann wiederhole den 81-tägigen Versuch. So sind meine Texte zum Daodejing entstanden. Sie sind Antwort, persönliche Antwort. Die Antworten des ersten Teils (1982-1983) führen großteils zu weit vom Daodejing weg, sodass ich von ihnen nur wenige Beispiele in dieses Buch übernommen habe. Die Antworten des zweiten Teils (1991) habe ich alle übernommen.

Das Daodejing ist religiös, meine Texte sind es auch. Von konventioneller Religiosität kann man hier nicht sprechen. Religio bedeutet Rückbindung. Gemeint ist die Rückbindung an eine unbedingte innere Forderung.

Meine Gedichte beziehen sich großteils auf die Texte des Daodejing, in einigen Fällen aber auch auf die Schwarz-Weiß-Fotografien von Jane English in der Ausgabe des Irisiana Verlags, z.B. in meinem Gedicht zu Kapitel 81, das mit den Worten beginnt: „Eine Kerze brennt, und dann verlöscht sie."

Pressbaum bei Wien, 31. Januar 2018

Werner Krotz

Blätter des Dao

Prolog zum Daodejing

Sieh da:
Welche Sanftmut,
welche Zartheit,
welche Liebe -
und dabei so gewaltig.

16. 4. 1991

Zu Kapitel 1 des Daodejing

In einer Felsenritze
hat sich Moos festgesetzt.
Und auf schlankem,
kräftigem,
grünem Stiel
erhebt sich
eine zarte
weiße Blume.
Sie gründet
in Himmel und Erde.

9. 9. 1982

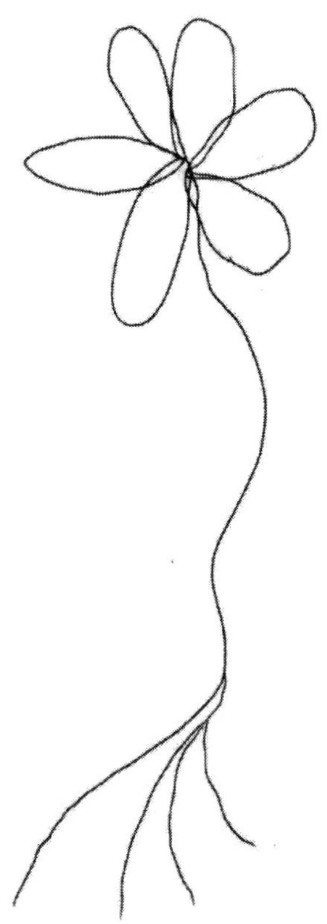

Zu Kapitel 1 des Daodejing

Hinter allem, was ist,
ist das Sein
von allem, was ist.
Und in allem, was ist,
ist auch das Sein
von allem, was ist.
Das Sein:
wir nennen es das Nichts.
Das Nichts:
wir nennen es das Sein.
Dahinter
ist nicht dahinter.
Und darin
ist nicht darin.

Viele Wünsche
und doch ohne Wunsch.
Vieles ist flüchtig
und hat doch Bestand.
Vieles hat keine Stimme
und schreit doch.
Vieles hat kein Ohr
und hört.

9. 3. 1991

Zu Kapitel 2 des Daodejing

Den Wienern
ein Wienverständiger sein.
Den Berlinern einer sein,
dem Berlin unter die Haut geht.
Den Christen einer sein,
der wie Jesus liebt.
Den Buddhisten einer sein,
der wie Siddhartha
den Dingen auf den Grund geht.
Den Freudigen einer sein,
der sich mit ihnen freut.
Den Leidenden einer sein,
der mit ihnen leidet.

Allen alles sein,
ohne eines festzuhalten.
Eine Flamme sein,
die brennt,
ohne zu verbrennen.

9. 3. 1991

Zu Kapitel 3 des Daodejing

Sehen,
aber nicht wie gewohnt,
sondern mit neuen Augen;
fühlen,
aber nicht mit geteiltem,
sondern mit ganzem Herzen.

Wenn das Alte abstirbt,
kann das Neue werden.
Wenn das Neue
nicht festgehalten wird,
kann endlich
das Bleibende vergehen
und das ewige Dao
im Vorübergehenden aufleuchten.

17. 3. 1991

Zu Kapitel 4 des Daodejing

Das Nullfache hat Bestand.
Das Einfache verändert sich.
Die Blume am Weg,
der Frosch im Teich
haben an beidem Anteil.

Alle Worte der Welt
schöpfen das Sagbare nicht aus.
Die Worte können lärmen,
aber auch still sein.
In den Worten verbirgt sich
das Unsagbare.

Reife Schoten springen auf,
und der Same quillt hervor
und fällt zur Erde.

17. 3. 1991

Zu Kapitel 5 des Daodejing

Auf diesem weißen Blatt
ziehen Striche
aus schwarzer Tinte
ihre Spur.
Doch zehntausend Striche
können das Weiß
nicht ausschöpfen;
die Zwischenräume
bleiben unbestimmt.

13. 9. 1982

Auf diesem weißen Blatt
ziehen Striche
aus schwarzer Tinte
ihre Spur.

Zu Kapitel 5 des Daodejing

Unmöglich ist es,
beim Drehen des Kaleidoskops
die Vielfalt der Möglichkeiten
auszuschöpfen.

Die Begegnungen
mit Menschen und Dingen
haben ihre Bedeutung
und entfalten ihre Wirkung.
Unauslöschlich sind sie
und unwiederholbar.
Jede Begegnung ist ein Geschenk.

Töte den Buddha,
wenn du ihn triffst,
sonst verlierst du ihn.

17. 3. 1991

Zu Kapitel 6 des Daodejing

Langsam
steigt der Morgen
aus der Nacht.
Die Sichel des Mondes
noch da
und dann vergessen.
Die Sonne
noch zart
löst sich aus dem Schoß
des Horizontes,
eine rote Scheibe
im hingehauchten Nebel.

Da
geballte lebendige Glut
gebiert sich ohne Ende
aus dem unaussprechlichen,
dem dunklen,
dem mütterlichen Schoß.

14. 9. 1982

Zu Kapitel 6 des Daodejing

Verwurzelt in der Erde,
ausgebreitet zum Himmel,
muss die Mitte fest sein.
Wie sonst kann das Himmelhafte
und das Erdhafte
seine Wirkung entfalten?

Eine Handvoll Erde
wird ausgestreut.
Ein Mundvoll Himmel
wird weggegeben.

Die Quelle ist
die Mitte der Erde,
die Mitte des Himmels
und die Mitte ihres Zusammenspiels.
Die Quelle ist sie selbst.
Aus ihr geht alles
in die Zeit hinein.
Sie ist schon immer dort,
wo es kein Ziel mehr gibt.

18. 3. 1991

Zu Kapitel 7 des Daodejing

Manchmal
lieg ich auf einer Wiese,
doch manchmal
bin ich ein Teil der Wiese,
und ihr Wachsen
strömt durch meine Glieder,
Erde und Himmel
und alle Wesen
verbindend.

Manchmal
ist mein Handeln
nicht von mir
und doch so vertraut.

14. 9. 1982

Zu Kapitel 7 des Daodejing

Die Ketten ablegen.
Den Käfig verlassen.
Die Freiheit einatmen,
die Liebe ausatmen.
Alles als Speise genießen
und selbst Speise sein für alles.

Sich dem Wetter aussetzen.
Der Regen benetzt deine Haut
und die Sonne trocknet sie.
Deine Haut wie eine Blume:
Sie weiß nicht,
ob sie duftet.

14. 9. 1991

Zu Kapitel 8 des Daodejing

Der falsche Augenblick
ist der Vater des Krieges.
Der rechte Augenblick
ist der Vater des Friedens.

Das Wasser nimmt jede Form an.
Von der Höhe
stürzt es sich brüllend in die Tiefe.
In der Tiefe
ist es still.

Der Pinsel malt jedes Bild
und jedes Schriftzeichen:
den Kranich in der Kiefer,
das Zeichen für Dao
und die Zeichen der Zukunft.

18. 3. 1991

Zu Kapitel 9 des Daodejing

Im Tun des Werkes
ist das Nicht-Tun verborgen.
So wird das richtige Verhalten gewonnen.
Das Nicht-Einmischen
ist höchste Aktivität.
Das Wachsenlassen
ist größte Leidenschaft.
Die Selbstvergessenheit
macht das Selbst beweglich.

Der See ist spiegelglatt.
Am Strand tollt ein junger Hund.

19. 3. 1991

Zu Kapitel 10 des Daodejing

Wo hat die Angst ihren Ursprung?
In der Heillosigkeit.
Wo hat die Heillosigkeit ihre Quelle?
Im Verdacht.
Wo kommt der Verdacht her?
Von den schlechten Erfahrungen.
Die schlechten Erfahrungen
treiben den Menschen
zur Bitterkeit
oder sie führen ihn
zur Weisheit.

Der Weise
ist der Geburtshelfer
des Angemessenen.
Der Weise
hat die Angst gezähmt.
Sie kann ihn nicht mehr
vom Weg abbringen.

20. 3. 1991

Zu Kapitel 11 des Daodejing

Was zu ordnen ist,
wird durch das Tun geliefert;
die Ordnung selbst
kommt aus dem Nicht-Tun.
Darum soll in allem,
was getan wird,
das Nicht-Tun anwesend sein.

Wie heilen wir
unsere Entfremdung
von der Natur?
Durch Vertrautwerden
mit ihr.
Wie werden wir
mit ihr vertraut?
Durch Begreifen
mit Händen und Füßen,
durch Ermessen
mit Augen und Ohren,
durch den Atem
und durch die wachsende
Erinnerung.

21. 3. 1991

Zu Kapitel 12 des Daodejing

Die Jahreszeiten
folgen aufeinander.
Im Frühling
sieht man wieder
Frösche in den Teichen.
Wenn die Natur
aus dem Gleichgewicht kommt,
treten Kräfte auf,
es wiederherzustellen.
Wenn Weizenkörner
zwischen die Mühlsteine geraten,
werden sie zerrieben.

21. 3. 1991

Zu Kapitel 13 des Daodejing

Der Mensch
kann getäuscht werden.
Der Weise
kann aus der Fassung geraten.
Die Mächte der Finsternis
sind schrecklich,
doch ein einziges kleines Streichholz
löst sie auf.

Alles ist einzigartig
und unwiederbringlich.
Alles vergeht.
Im Hass verloren,
in der Liebe bewahrt.

21. 3. 1991

Zu Kapitel 14 des Daodejing

Sieh auf die Waffen,
von Menschen erfunden.
Sieh auf die Wunden,
von Menschen geschlagen.
Das Menschenreich,
das Tierreich,
das Pflanzenreich,
die nackte Erde,
alles ist verwundet.

Ein Blinder
tastet sich den Faden entlang,
dessen Ende
nicht gefunden werden kann.
Er wurde schon blind
vor seiner Geburt.

Vergebung
ist der Schlüssel
zum Neubeginn.

22. 3. 1991

Zu Kapitel 15 des Daodejing

Die weißen Blütensterne
auf dem Schreibtisch
drehen sich zum Fenster.
Befolger des Dao
drehen sie nicht zurück.
Das Haushuhn
braucht ein Nest,
um sein Ei zu legen.
Befolger des Dao
lassen es nicht
vergeblich suchen.
Das Kind
braucht Vater und Mutter
beim Heranwachsen.
Befolger des Dao
lassen ihre Kinder
niemals im Stich.

Einfach ist es,
den Weg zu gehen,
doch das Einfache
ist schwer zu vollbringen.

22. 3. 1991

Zu Kapitel 16 des Daodejing

Die zehntausend Dinge vergehen,
wie auch dein Körper vergeht.
Gut ist das Entstehen.
Gut ist das Vergehen.
Gut ist das Loslassen.
Gut ist das Nicht-Haften.

Das Unvergängliche
ist in jedem Stern,
in jedem Planeten
und in den Räumen dazwischen.
Das Unwandelbare
ist in jedem Atom
und in der Welt
der Elementarteilchen,
wo Raum und Zeit
nicht herrschen.

Das Dao ist in der Natur
und jenseits davon.
Darum sagen wir:
Das Dao der Fülle
ist die Leere.

22. 3. 1991

Zu Kapitel 17 des Daodejing

Die Menschen begegnen einander.
Einander vertrauen heißt
warten können.
Warten heißt
Geburtshelfer sein.
Geburtshelfer sein heißt
das Dao des Alltags erfüllen.
Den Weg gehen heißt
fähig werden,
das zu tun,
was notwendig ist,
was not-wendend ist.

Der Flug der Möwe
richtet sich genau
nach den Luftströmungen.
Die Möwe fragt nicht:
Bin ich ein schöner Anblick?
Und ist es doch.

23. 3. 1991

Zu Kapitel 18 des Daodejing

Wenn das Dao in Vergessenheit gerät,
werden die Menschen getrennt,
und sie können einander
nicht mehr verstehen.
Wenn das Dao in Vergessenheit gerät,
wird der Vorteil gesucht,
und der Vorteil wird zum Nachteil.

In der Gefangenschaft
wächst die Sehnsucht nach Freiheit.
Eine kleine Bewegung,
eine sanfte Berührung,
und die Erinnerung
öffnet eine Tür.

23. 3. 1991

Zu Kapitel 19 des Daodejing

Sage niemals eine Schmeichelei.
Mache niemals ein Kompliment.
Doch sag deiner Frau,
dass sie liebenswert ist.
Sag es ihr jeden Tag.
Sag es ihr mit deinem Mund,
mit deinen Augen,
mit allem, was du tust
und was du bist.
Sag es ihr
aus der Einfachheit deines Wesens,
aus deiner wahren Natur,
die in der Tiefe erkannt hat,
dass euch die größte Liebe,
die Liebe ohne Ende verbindet.
So entfaltet sich
in der Einfachheit
die Einheit.

23. 3. 1991

Zu Kapitel 20 des Daodejing

Sei wie der Narr!
Der Narr ist der menschliche Mensch.
Er ist wie ein Neugeborenes,
bevor es lachen lernt.
Er ist wie ein Wanderer
ohne Unterkunft,
wie ein Beraubter
mit zerfetzten Kleidern.

In der Welt lebst du
mit vielerlei Masken.
Schwer ist es,
den Narren in dir zu entdecken.
Doch in jedem Gewand
liegt die Nacktheit,
außer der du nichts besitzt,
und in jedem Lachen
die Heiterkeit dessen,
der nichts zu verlieren
und alles zu gewinnen hat.

24. 3. 1991

Zu Kapitel 21 des Daodejing

Das Dao ist unerforschlich
und trüb und dunkel
und bekundet sich doch als Weg
und als Licht auf dem Weg.
So kann das Namenlose einen Namen,
das Formlose eine Form,
das Wesenlose ein Wesen erhalten.

Das Dao ist nicht der Name,
sondern das Sprechen des Namens.
Das Dao ist nicht die Form,
sondern das Bilden der Form.
Das Dao ist nicht das Wesen,
sondern das Erwachen des Wesens.
Hierin liegt Vertrauen,
das Leben zu meistern.

24. 3. 1991

Zu Kapitel 22 des Daodejing

Siegen heißt
genau das treffen,
was die Situation erfordert.
Nicht die Unterdrückung,
sondern der Ausgleich
erzeugt Heiterkeit
und Fruchtbarkeit.
Ungeteilt sein heißt
zu allem bereit sein.
Sich hingeben heißt
für den Augenblick da sein,
ohne Bedingungen,
sich vom Schrecklichen nicht lähmen
und vom Schönen nicht verwirren lassen.

So entspringt die Liebe,
der Urstrom des Lebens,
der nicht aufgehalten werden kann.

24. 3. 1991

Zu Kapitel 23 des Daodejing

Wenn du das Dao beachtest,
bist du frei.
Wenn du die Lebendigkeit übst,
bist du geordnet.
Wenn du an dir selbst hängst,
bist du gefangen.

Schau zu,
wie deine Unvollkommenheiten
kommen und gehen.
So kann der Misserfolg
die Saat des Erfolges sein.

25. 3. 1991

Zu Kapitel 24 des Daodejing

Der Löwenzahn blüht
und reift
und seine Schirme
trägt der Wind.
Seine jungen Blätter
dienen als Speise.
Aus seinen Blüten
macht man ein Gelee.
Im Sand wächst er anders
als in guter Erde.

Sieh den Löwenzahn an.
Wer nicht vergleicht,
wird frei von Eitelkeit.

26. 3. 1991

Zu Kapitel 25 des Daodejing

Ein Brunnen
fließt in mir.
Manchmal
fließt er stark,
manchmal
versiegt er,
einmal
klares Wasser,
dann wieder
mit Lehm vermischt.

Das Dao
ist nur eine Bewegung,
eine einzige kleine Bewegung,
die schon gar keine
Bewegung mehr ist.

13. 10. 1982

Zu Kapitel 25 des Daodejing

Ein Stein,
der ins Wasser fällt,
zieht Kreise.

Das Dao ist nicht
das Schweigen und die Leere.
Das Dao trägt
das Schweigen und die Leere
als sein Gewand,
und im Gewandbausch
ist das Werden.
Das Vergehen
ist die andere Seite des Werdens.
Freude.

26. 3. 1991

Zu Kapitel 26 des Daodejing

Der Weise ist
der König ohne Gepäck.
Da ihm alles zur Verfügung steht,
braucht er es nicht mit sich zu tragen.

Ein Fenster durchbricht die Wand.
Die handgemachte Scheibe
ist nicht ganz eben.
So wird das Licht zum Schimmer
und die Gewissheit zum Vertrauen.
So wird das Leben gefördert.
So zieht man keine Grenze.

27. 3. 1991

Zu Kapitel 27 des Daodejing

Auf dem Weg sein,
dem Licht folgen.
Offen sein
für alle Dinge
und alle Menschen.

Was in dir verändert wird,
verändert sich außen,
und was außen verändert wird,
verändert sich in dir.

Wer dem Leben der Bäume folgt,
wird von Ermüdung nicht erschreckt.

28. 3. 1991

Zu Kapitel 27 des Daodejing

Erst dort,
wo die Einswerdung beginnt,
wo der Lehrer
das Los der Schüler teilt,
wo er verletzt
und aufs Neue ganz wird,
geht man den Weg
und folgt man dem Licht.

Das kannst du nicht.
Dies ist ein Rätsel.
Doch du erleidest es.
Dies ist des Rätsels Lösung.

28. 3. 1991

Zu Kapitel 28 des Daodejing

Die Turmschnecke lebt
in sandigen Böden.
Ihr Gehäuse hat feste Wände
und eine Höhlung.
Die Wände sind hell,
die Höhlung ist dunkel.
Die Wände geben Halt,
doch in der Höhlung wohnt sie.

Wenn das Helle und das Dunkle
zusammen sind,
entsteht etwas Neues.

29. 3. 1991

Zu Kapitel 29 des Daodejing

Was ist das,
die Aufgabe eines Tages.
Was ist das,
die Lebensaufgabe.
Sie ist nichts,
was festgehalten,
nichts,
was durchgesetzt werden kann.

Alles Leben lebt sich dar.
Du unter Schmerzen
dich selbst Gebärender,
lerne auch du,
dich darzuleben,
dich darzulieben,
im Augenblick,
der kein Ende findet.

29. 3. 1991

Zu Kapitel 29 des Daodejing

Du bist Geschenk.
Dein ganzes Leben,
vom ersten
bis zum letzten Augenblick,
ist Geschenk.
Als Ganzes
bist du ein köstliches Geschenk
des Universums
an sich selbst,
an jeden,
der dir begegnet.

29. 3. 1991

Zu Kapitel 30 des Daodejing

Du bist wertvoll.
Du bist liebenswert.
Du bist unverzichtbar.
Wie du lebst
und was du glaubst,
soll auf deine Weise
sich entfalten.

Mein Stillwerden
soll dir Raum geben
und Weite.
Vielleicht werde ich
eines Tages
deinen Schrei nach Gerechtigkeit
beantworten können.

30. 3. 1991

Zu Kapitel 31 des Daodejing

Gewalt verletzt.
Gewalt entstellt.
Gewalt deformiert.
Gewalt ist zu beklagen.
Gewalt verwandelt Gärten in Ödland.
Gewalt verwandelt Menschen in Bestien.
Gewalt zersplittert.
Gewalt trennt die Menschen.
Gewalt trennt die Völker.
Gewalt trennt die Religionen.
Gewalt benützt auch
die Maske der Gewaltlosigkeit.

Gewalt ist ein Anlass zur Trauer,
aber kein Anlass zur Lähmung.
Wenn die Gewalt sich totgelaufen hat,
entsteht Neues.
Auch so wirkt das Dao.

31. 3. 1991

Zu Kapitel 32 des Daodejing

Wer dem Weg des Dao folgt,
dem gehorchen die zehntausend Dinge.
Wer dem Weg des Dao folgt,
der ist unangreifbar.
Wer dem Weg des Dao folgt,
der gibt sich preis
und macht sich verletzlich.
So äußert sich der Erwachte.

Dein Bewusstsein,
deine Lebenskunst
hat nicht alles errungen.
Doch der Fluss des Dao,
der Fluss, der zum Meer heimfließt,
fließt durch dich.

1. 4. 1991

Zu Kapitel 33 des Daodejing

Es gibt eine Zeit zu gehen
und eine Zeit zu bleiben,
eine Zeit, die Dinge zu verändern,
und eine Zeit, Die Dinge durchzutragen.
Es gibt eine Zeit, den Reichtum zu teilen,
und eine Zeit, die Genügsamkeit zu erproben,
eine Zeit zu leben
und eine Zeit zu sterben.

Wenn du die Zeit genau beachtest,
dann hast du alle Zeiten
in der einen Zeit
und das unvergängliche Leben
in der Vergänglichkeit.

1. 4. 1991

Zu Kapitel 34 des Daodejing

Das Dao bedingt alles.
Es nährt alles.
Es ist so klein,
dass es überall Platz hat.
Es ist nicht Herrin,
sondern Mutter.
Man kann sich ihm überlassen.
Man kommt heim zu ihm.
Es ist so groß,
dass alles in ihm Platz hat.
Es ist nicht Herr,
sondern Vater.

Das Dao bewegt dich und mich.
Das Bewegende im Dao
ist gewaltig,
aber nicht gewaltsam.
Es ist nicht Gegendruck,
sondern Tochter und Sohn.

2. 4. 1991

Zu Kapitel 35 des Daodejing

Das Dao wird nicht errungen.
Es ist eine Quelle,
die unerschöpflich fließt.
Sie fließt durch alle und alles.
Sie wirkt sich überall aus.

Wie fruchtbar wird sie in dem,
der sich an das Eine hält.
Er schenkt den Menschen Leben
und wird mit dem Tod bedroht.
Er liebt die Menschen
ohne Unterschied.
Er übt das Schweigen.
Das Bittere wird ihm süß.
Er ist überall zu Hause.

3. 4. 1991

Zu Kapitel 36 des Daodejing

Die Bereitschaft zu geben
gebiert das Empfangen.
Die Schätze der Erde
dürfen nicht vergeudet werden.
Unsere eigenen Pulsadern
haben wir aufgeschnitten.
Wer einem kleinen Volk
den Lebensraum nicht lässt,
der ist dabei,
sich selber zu entwurzeln.

Fische können nur im Wasser leben.
Menschen können nur in der Liebe leben.
Sie schreien nach der Möglichkeit,
ihre Liebe auszudrücken.
Wenn sie nicht lieben können,
kommen sie um.

4. 4. 1991

Zu Kapitel 37 des Daodejing

Wenn der Teich aufgewühlt ist,
ist er nicht klar,
und man kann nicht auf den Grund sehen.
Wenn der Teich voll Wellen ist,
ist er nicht glatt,
und er ist dann kein treuer Spiegel
für das Schilf, die Wolken und den Himmel.
Am Abend, wenn der Teich in Ruhe ist,
hört man weit
das Quaken der Frösche.

5. 4. 1991

Zu Kapitel 37 des Daodejing

Aus dem Nicht-Tun
kommt das absichtslose Tun.
Wo der Raum nicht herrscht,
ist der Ort richtig.
Wo die Zeit nicht herrscht,
ist die Reihenfolge richtig.
Wo das Verlangen nicht herrscht,
wird die Lage erkannt.

Wenn die vollkommene Ruhe erreicht ist,
ist die Bewegung am größten.
Weitergeben der Liebe
ist ein anderes Wort
für Unermesslichkeit.

5. 4. 1991

Zu Kapitel 38 des Daodejing

Der barmherzige Mensch
ist immer bereit zu verzeihen.
Der übende Mensch
ist immer bereit,
seine Kraft zu entfalten.

Der Mensch des Dao
wirkt aus dem Verborgenen.
Von Übung und Barmherzigkeit
hält er sich nicht fern.
Seine Anwesenheit ist heilsam,
ohne dass er es weiß.

6. 4. 1991

Zu Kapitel 38 des Daodejing

Der Mensch des Dao
ist kein Macher
und fördert doch,
was ihn umgibt.
Der sanften Berührung des Dao
folgt er.

Das Paar des Dao
ist nicht fehlerlos.
Es lässt sich vom Dao
ineinanderfügen.
Sie sind dabei,
zu wachsen und zu reifen.
Ihre Liebe
strahlt aus in die Welt.

6. 4. 1991

Zu Kapitel 39 des Daodejing

Das Dao hat keinen Anfang
und kein Ende.
Es ist ungeteilt
und enthält doch alles.
Weil das so ist,
kann nichts verloren gehen,
kein Sandkorn
und kein Tropfen im Meer
und schon gar nicht du.

Das Dao ist keine Person.
Es ist der Ursprung der Liebe.
Alles sehnt sich nach Liebe.
Das Dao ist kein Ding.
Es ist der Ursprung des Lebens.
Alles sehnt sich nach Leben.

Vom Dao gibt es kein Bild.
Das Dao lässt sich nicht missbrauchen.

6. 4. 1991

Zu Kapitel 40 des Daodejing

Das Dao zeugt das Sein aus dem Nicht-Sein.
Das Dao gibt nach.
Das Dao gibt Raum.
Das Dao gibt Zeit.
Das Dao gebiert das Seiende aus dem Sein.
Das Dao kehrt zum Nicht-Sein zurück.
Das Dao atmet aus und atmet ein.
Es atmet in dir.

7. 4. 1991

Zu Kapitel 41 des Daodejing

Das Dao ist verborgen und namenlos.
Wer über das Dao lacht,
lacht über das Zerrbild,
das er sich gemacht hat.
Das Lachen über das Dao ist bitter.
Das Dao führt zur Heiterkeit.
Wer das Lachen verlernt hat,
kann es hier lernen.

Wie willst du Leid ertragen,
das dir zustößt,
wie willst du Menschen trösten,
Wunden reinigen,
Schmerzen lindern,
wenn du nicht
von Herzen lachen kannst?

7. 4. 1991

Zu Kapitel 42 des Daodejing

Das Dao ist das Ursprüngliche,
aus dem das Eine hervorgeht,
aber nicht mit Gewalt.
Die Entstehung des Einen
ist wie die Sonne,
die in der Wüste aufgeht.

Aus Eins entsteht Zwei:
Eine Quelle entspringt
und teilt sich.

Aus Zwei entsteht Drei:
So ist es bei Mann und Frau
in den Augenblicken höchster Einheit.
Nicht Zwang, nur Hingabe
bringt etwas hervor,
das sehr stark ist.
So geben die beiden
dem Dao Raum.

8. 4. 1991

Zu Kapitel 42 des Daodejing

Der Wasserspiegel
übt keine Gewalt aus.
Geglättet zeigt er
das Schilf als Schilf,
die Bäume als Bäume
die Vögel als Vögel,
den Mond als Mond,
als zartes Yin,
die Sonne als Sonne,
geballtes Yang,
die Menschen als Menschen
und den Potala als Potala.

8. 4. 1991

Die letzte Zeile erwähnt den Potala-Palast in Lhasa.

Zu Kapitel 43 des Daodejing

Lehren,
ohne Worte zu machen,
wirken,
ohne zu manipulieren.
Dort anwesend sein,
wo kein Raum
und keine Zeit ist,
dort die Liebe einlassen,
wo die Dinge
erst im Entstehen sind.

Was Angst einflößt,
was den Mut raubt,
was krank macht,
was Lebensmöglichkeiten nimmt,
kann dann versiegen.

Solches Lehren
und Wirken
tröstet alle Geschöpfe
und befreit sie
von ihrem Schmerz.

9. 4. 1991

Zu Kapitel 43 des Daodejing

Wie groß
ist die Kraft
des Allerweichsten!
Überall
dringt sie ein.
Unmerklich
vollendet sie
ihr Werk.

Diese Kraft
anzuwenden
ist Vereinigung
mit dem Dao.

Es ist nicht möglich,
verloren zu gehen.

4. 5. 1995

Zu Kapitel 44 des Daodejing

Die Bäume
wachsen heran
mit den Mitteln,
die ihnen zufallen.
Die Vögel
regeln ihren Flug
nach Gesetzen,
die ihnen eingepflanzt sind.

Was dir eingepflanzt ist
und was dir zufällt,
zu entdecken
und zu entfalten:
das ist Übung.

11. 4. 1991

Zu Kapitel 45 des Daodejing

Morgendunst
über der Donauinsel.
Grasende Schafe.
Doch ich im Autobus.

Die Industriegesellschaft
hat die Weisheit
der ausgewogenen Lebensführung
eingebüßt.
Der Staat ist darauf aus,
den Status quo
aufrechtzuerhalten.

Große Fähigkeit
erscheint hier einfältig.
Doch wenn sie
vom Schlaf erwacht,
beginnt sich das Leben
zu ändern.

12. 4. 1991

Zu Kapitel 45 des Daodejing

Das Papier ist fast leer:
Eine Möwe
in kraftvollem Flug,
in höchster Bewegung
völlig gelassen
auf der weißen Fläche.

So ist in der Leere
alles enthalten.
Finde du, Mensch,
deinen Weg
auf dem leeren Untergrund.

12. 4. 1991

Zu Kapitel 46 des Daodejing

Es gibt den Schmerz,
der durch dich hindurchgeht
wie ein sengendes Feuer,
den körperlichen Schmerz,
den seelischen Schmerz.

Da hilft nur
gelassenes Warten,
bis das Pendel
wieder zurückkommt,
bis die Natur heilt,
bis die Einsicht reift.
So lebst du
im Einklang
mit dem Dao.

13. 4. 1991

Zu Kapitel 46 des Daodejing

Auf einer Fotografie
der kahle Ast eines Baumes.
Dahinter die Sonne,
in weißen Dunst gehüllt.
Der Wind bewegt den Ast.
Die Zweige an der Peripherie
sind unscharf.
Die Zweige in der Mitte,
wo die Bewegung schwächer ist,
sind scharf.
Der Baum als ganzer
vor der Sonne
und dem Dunst
ist bewegt
und in Ruhe.

13. 4. 1991

Zu Kapitel 47 des Daodejing

Der Weise geht nicht hinaus.
Und wenn er hinausgeht,
bleibt er doch dort,
wo er vorher war.
Und wo er auch ist,
kommt die Welt zu ihm.
Der Weise weiß nicht,
dass er weise ist.
Der Weise ist immer ein Narr.
Der Weise liest das Daodejing nicht.
Und wenn er es liest,
so liest er es mit Heiterkeit.

Der Nicht-Weise wandert umher,
bis er müde ist von der Wanderschaft.
Dann geht er nach Hause.

14. 4. 1991

Zu Kapitel 48 des Daodejing

Eine Hand hält ein Schneckenhaus.
Die Finger liegen
entlang seiner Rundung.
So spüren sie,
wie sehr die Schnecke
im Einklang mit dem Dao ist,
und lernen es auch.
Die Hand führt
das Schneckenhaus zum Ohr.
Hier ist ein Ton,
von der Schnecke hinterlassen.

14. 4. 1991

Zu Kapitel 48 des Daodejing

Tag für Tag
etwas aufgeben.
Das befreit.
So wird ein Sandsack
nach dem anderen abgeworfen,
damit der Ballon
in die Höhe steigen kann.
So stellt der Vogel
das Flügelschlagen ein
und gleitet sanft hinunter,
der Baumkrone zu.

Tag für Tag
eine Schuppe verlieren,
bis keine Schuppen mehr
vor den Augen sind.
Tag für Tag
ein Stück der eisernen Rüstung ablegen,
bis der warme, weiche Körper frei ist,
der fähig ist zu lieben.

14. 4. 1991

Zu Kapitel 49 des Daodejing

Wenn ich die Erde lockere:
Die Welt mit den Augen der Regenwürmer sehen.
Narzissen blühen im Garten:
Die Welt mit den Augen der Narzissen sehen.
Ich schneide sie nicht
und stelle sie nicht in mein Zimmer.

Sehnsüchte, Hoffnungen,
Freude, Trauer, Schmerz,
Hass, Aggression:
Deine Lebensgeschichte ist anders als meine.
Wenn ich dir begegne:
Die Welt zugleich mit deinen
und meinen Augen sehen.
Dann ein Erkennen, Erinnern.
Dann Freiheit und Leichtigkeit.
Dann ein Ausweg
aus dem Käfig des Ich.

15. 4. 1991

Zu Kapitel 50 des Daodejing

Bei dem, der erwacht ist,
finden Büffel keine Stelle,
um ihr Horn hineinzustoßen,
Tiger keine Stelle,
um ihre Reißzähne hineinzuschlagen,
Schwerter keine Stelle,
um zu durchbohren.

Doch er lässt geschehen,
was dem Augenblick entspricht.
Und dann kann es sein,
dass er gestoßen wird,
dass er gerissen wird,
dass er durchbohrt wird,
dass er dem Tod nicht entgeht.
Es ist aber nicht der Tod des Verderbens,
sondern der Tod der Verwandlung.

Wer diesen Tod erwartet,
sorgt sich nicht
um das, was zerbricht.

16. 4. 1991

Zu Kapitel 51 des Daodejing

Manipulation
kreuz und quer.
Gewirr
von Freude und Leid.

Und doch dahinter
unzerstörbar
kein Beweis!
Kein Ich,
kein sonst was.

Geehrt nur
durch Verstummen...

1. 12. 1982

Zu Kapitel 51 des Daodejing

Wann geschehen die rechten Dinge
zur rechten Zeit?
Wenn wir lernen,
dem Dao gemäß zu sein:
Hervorbringen, ohne zu beanspruchen.
Wirken, ohne uns Verdienst anzurechnen.
Lenken, ohne zu bevormunden.
Dann geschehen die rechten Dinge
zur rechten Zeit.

Das ist die Wahrheit
im Angesicht von Katastrophen.

17. 4. 1991

Zu Kapitel 52 des Daodejing

Der See ist eine Mutter.
Er nährt die Fische.
Er nährt das Schilf
und die Vögel,
die darin nisten.
Der See ist ein Spiegel.
Das Helle zeigt er hell.
Das Dunkle zeigt er dunkel.
Der See hat tiefe Stellen.

Wenn der Wind
vom See her weht,
folgt der fruchtbringende Regen.

18. 4. 1991

Zu Kapitel 53 des Daodejing

Die Menschen gehen ihre Wege.
Sie benützen die Mittel der Technik.
Sie trachten danach,
sich zu behaupten.
Die Wege der Gewalt
sind jetzt sehr gewalttätig.
Die Wege der Zerstörung
sind jetzt sehr zerstörerisch.
Doch die Wege des Dao
sind genauso gangbar
wie vor tausenden Jahren.

Wir wollen nicht?
Durch großes Leid,
durch große Krisen
werden neue Dinge geboren.

19. 4. 1991

Zu Kapitel 54 des Daodejing

Die Hebamme
hat das Kind nicht empfangen,
hat es nicht getragen
und ist doch unentbehrlich
bei der Geburt.
Der Katalysator
ist kein Teil der Reaktion,
doch ohne ihn
findet sie nicht statt.

Wenn hier das Richtige geschieht,
kann es sein,
dass dort das Richtige geschieht.
Das eine ist nicht Ursache,
das andere nicht Wirkung.
Das nennt man Synchronizität.

20. 4. 1991

Zu Kapitel 54 des Daodejing

Der Gipfel des Fujiyama
ist schneebedeckt.
Über ihm Wolken.
Sein Krater zeugt
von Vulkanausbrüchen.
Der Berg ist unerschütterlich.
Vor ihm der See
ist empfänglich
für das Ruder,
das sich in ihn senkt.

20. 4. 1991

Zu Kapitel 55 des Daodejing

Sicherheit nicht verlangen,
sondern geben.
So wird man sicher.
Freiheit nicht verlangen,
sondern geben.
So wird man frei.
Das ist der Weg
zum vollkommenen Einklang.
Das ist die Einstimmung
in die Unendlichkeit.

Die Schwäche dessen,
der wie ein neugeborenes Kind ist,
kann nicht bezwungen werden.
Die Bemühung dessen,
der nicht bereit ist,
die Dinge neu sehen zu lernen,
wird sich totlaufen.

20. 4. 1991

Zu Kapitel 56 des Daodejing

Wer weiß, redet nicht.
Wer redet, weiß nicht.
Warum ist das so?
Weil das Wissen
ein Wissen des Augenblicks ist
und weil es voll Liebe
und voll Barmherzigkeit
die Situation des anderen
mit einbezieht.

Das Wissen
ist oft ein Verstummen.
Im Verstummen wird
das Nicht-Gesagte
zum Ausdruck gebracht.
Wer mit dem Universum eins ist,
versteht es,
im richtigen Augenblick zu schweigen.

21. 4. 1991

Zu Kapitel 57 des Daodejing

Das Nicht-Eingreifen
entspricht der Weise,
wie sich das Leben entfaltet.
Das Eingreifen
bringt Leid.

Nicht-Eingreifen bedeutet nicht:
Sich gehen lassen,
den Dingen ihren Lauf lassen.
Nicht-Eingreifen bedeutet:
In jedem Augenblick
den Dingen und Menschen entsprechen.

So wird eine Kraft freigesetzt,
die sich selbst nicht kennt.
Sie kann dazu beitragen,
Wehrlose zu schützen
und Katastrophen abzuwenden.

21. 4. 1991

Zu Kapitel 57 des Daodejing

Das Daodejing
enthält sehr einfache Worte.
Daher ist das Daodejing
sehr schwer zu verstehen.
Das Verständnis des Daodejing
ist das Gehen eines Weges.
Es entspricht der Rückkehr
zum guten und einfachen Leben.
Es entspricht dem Erlangen
und dem Bewahren von Rückgrat.

21. 4. 1991

Zu Kapitel 58 des Daodejing

Wenn das Vertrauen
durch Maßnahmen ersetzt wird,
verkommt das Land.
Vorsicht
tritt an die Stelle
von Ehrlichkeit.
Phantasie
wird zu Lethargie.
Hinter dem Glück
lauert das Unglück.

Wenn der Schaden
groß geworden ist,
holt das Leben
neue Kräfte
aus der Tiefe.

23. 4. 1991

Zu Kapitel 59 des Daodejing

Über das Dao zu schreiben
ist nicht möglich.
Das Dao übersteigt
die Begrenzungen der Schreibenden
und ihr Gefühl der Weite.
Das Dao ist ihr grundloser Grund.

Wer frei geworden ist
von dem Zwang,
etwas erreichen zu müssen,
schreibt mit dem Bleistift
auf dem Papier
und mit dem Finger
auf der beschlagenen Scheibe
und mit dem Fuß
im Ufersand.

Im Dao des Lebens
durchdringen einander
Himmel und Erde
auf innige Weise.

24. 4. 1991

Zu Kapitel 60 des Daodejing

Mit den Kieselsteinen
im Bach sein.
Mit den Grashalmen
auf der Wiese sein.
Mit den Menschen
auf dem Weg sein,
wie sie aufbauen
und zerstören.

Wie ist es möglich,
dass im Tod
das Leben entspringt?
Mit dem Dao sein.

25. 4. 1991

Zu Kapitel 61 des Daodejing

Welchen Geschmack
hat das Leben heute morgen?
Was macht die
in den Körpern der Menschen
und in meinem Körper
eingefrorene Angst
an diesem Tag?
Taut sie auf
an der Oberfläche?
Erinnert sie sich,
dass in der Tiefe
ein Tisch steht,
gedeckt mit Salz und Brot?

26. 4. 1991

Zu Kapitel 62 des Daodejing

Wir haben kein Wort für das Dao,
keinen Namen, um es zu bezeichnen.
Es ist der Schatz der guten
und der Schutz der nicht so guten Menschen.
Es ist das, wonach du suchst.
Jenseits von allen Erwartungen
wirst du heil und ganz.
Wenn du fehlgehst,
wird dir vergeben.

Hüte dich, das Dao einzusperren
in deine engen Begriffe.
Das Dao ist stets mehr.
Hüte dich, das zu verurteilen,
was außerhalb ist.
Für das Dao gibt es kein Außerhalb.

27. 4. 1991

Zu Kapitel 62 des Daodejing

Das Dao ist der Weg.
Das Dao ist der Lauf der Natur.
Das Dao ist die Richtschnur des Herrschers.
Das Dao ist der Ursprung der zehntausend Dinge.
Wer das Dao benennt,
versteht es nicht.

Mach dich auf den Weg.
Ordne dich dem Lauf der Natur unter.
Sei ein weiser Herrscher.
Sei mit dem Dao der Ursprung einer Welt,
die sich nicht selbst zerstört.
Hab keine Sorge um dich.
Sei mit dem Dao.
Sei das Dao.
Sei.

27. 4. 1991

Zu Kapitel 62 des Daodejing

Liebe deinen Mitmenschen.
Du siehst ja in ihm
das ewige Dao.
Durch deine Liebe
berührst du den Buddha,
der in ihm
unter dem Bodhibaum sitzt,
leuchtest du dem Gefangenen,
der in ihm
den Weg in die Freiheit sucht.

Die Liebe,
die über alle Grenzen geht,
gerät in Widerspruch
zu den Hütern der Ordnung.
Das Dao der Liebe
ist eine Provokation.

27. 4. 1991

Zu Kapitel 62 des Daodejing

Hüte dich
vor dem Zuviel des Guten.
Bleibe in der Stille
und bringe das Dao als Gabe dar.
So kann es sein,
wenn du in der Einsamkeit bist.
So kann es auch sein,
wenn du wieder unter Menschen bist.
Das ist die Weisheit
der Mönche und Nonnen aller Zeiten,
die Weisheit von dem Brunnen,
der unerschöpflich fließt.

27. 4. 1991

Zu Kapitel 63 des Daodejing

Finde Geschmack am Geschmacklosen,
denn der Geschmack des Dao
ist nicht auffällig.
Erwidere Groll mit Lebenskraft,
denn auch der andere
will das Dao schmecken.
Mühe dich nicht damit ab,
den Karren aus dem Dreck zu ziehen.
Nicht deine Kraft wird es schaffen,
sondern die Kraft des Ochsen.

27. 4. 1991

Die letzte Zeile ist eine Anspielung auf die Ochsenbilder des Chan-Buddhismus.

Zu Kapitel 63 des Daodejing

Erst siehst du Knospen.
Dann siehst du kleine,
zarte Blätter.
Dann sind sie groß
und fest geworden.
Du siehst nicht,
wie sie wachsen,
denn für deine Augen
geht es zu langsam.
Doch es erfolgt
mit Sicherheit.
Auf diese Weise
regelt das Universum
die Dinge.

27. 4. 1991

Zu Kapitel 64 des Daodejing

Eine Reise von tausend Meilen
beginnt mit einem Schritt,
und sie endet auch
mit einem Schritt.

Es ist gut,
mit dem ersten Schritt zu beginnen,
und mit keinem anderen.
Der erste Schritt
geschieht durch Achtsamkeit,
nicht durch Vorpreschen.
Wenn ein Schritt getan ist,
wird der nächste lebendig.
Es ist entscheidend,
auch den letzten Schritt zu setzen,
mit Hingabe und Sorgfalt.
Wer den letzten Schritt nicht setzt,
steht wieder am Anfang.

28. 4. 1991

Zu Kapitel 65 des Daodejing

Als Erwachsener
zugleich ein Kind sein.
Als Wissender
zugleich ein Nicht-Wissender sein.
Als Handelnder
zugleich ein Nicht-Handelnder sein.
In jedem Augenblick
das Sein wahrnehmen,
wie es gerade ist,
und das Tun,
wie es gerade wird.

Das ist ursprüngliche Lebenskraft,
die sich selbst nicht kennt.
Keine Rolle spielen.
Das Leben leben.

28. 4. 1991

Zu Kapitel 66 des Daodejing

Die Menschen anführen
heißt ihnen dienen.
Warum ist es so schwierig,
den Menschen zu dienen?
Weil du ihren geheimsten Sehnsüchten
dienen musst;
weil du auf das hören musst,
was das Dao in ihnen spricht.

Gründliches Dienen ist es,
das Leben der Menschen zu ordnen,
ohne es einzuengen.

29. 4. 1991

Zu Kapitel 67 des Daodejing

Das Dao ist umfassend und unvergleichlich.
Es ist anders.
Das Dao verliert sich nicht.
Das Dao bewahrt und erneuert.
Was kann verloren gehen?
Wer kann dem Dao den Rücken kehren?
Wer kann dem Dao die Stirn bieten?
Wer wird umkommen?

Du gehst deinen Weg.
Dein Fuß hinterlässt
in der Erde,
im Gras,
im Gestrüpp,
ja selbst im Fels
eine Spur,
die verweht wird,
eine Spur,
die unauslöschkich ist.

30. 4. 1991

Zu Kapitel 67 des Daodejing

Etwas leidet,
und Mitleid erwacht.
Etwas zerbricht,
und Neues ist da.
Das Unbegreifliche zeigt
im Gesicht des Todes
das Gesicht des Lebens.

Das Dao tröstet nicht
auf Menschenweise.
Es gibt sich selbst
ohne Rest.
Es ist nicht auffällig.
Es ist.

30. 4. 1991

Zu Kapitel 68 des Daodejing

Welches Gesicht
zeigt das Leben heute?
Das Gesicht der Einheit
oder das der Einsamkeit?
Das Gesicht der Freude
oder das des Schreckens?
Das Gesicht des erfrischenden Atems
oder das der Atemnot?

Das Heute ist zu lang,
es ist unfassbar.
Untersuchen wir
den Bruchteil des Augenblicks,
ob in ihm noch Zeit enthalten ist,
ob in ihm noch irgendetwas enthalten ist
außer Leere.

Die Leere ist die Gastgeberin.

1. 5. 1991

Zu Kapitel 69 des Daodejing

Wovon sprechen die Weisen,
wenn sie reden?
Wovon sprechen die Weisen,
wenn sie schweigen?
Wovon sprechen die Weisen,
wenn sie eine Blume zeigen?
Was klingt da an?

Da ist keine letzte Wirklichkeit,
die man festhalten könnte.
Die Weisen führen uns hinaus
aus der Welt des Vergleichens
und des Schaffens von Rangordnungen.

1. 5. 1991

Der Text enthält eine Anspielung auf die Geschichte, in der der historische Buddha eine Blume hochhält und Kashyapa lächelt.

Zu Kapitel 69 des Daodejing

Es ist gut,
den zu ehren,
der sich mir feindlich zeigt.
Es ist gut,
den am meisten zu ehren,
der von mir am meisten verachtet wird.
Der Diener aller sein
heißt ohne Waffen gewappnet sein,
heißt ein Wegbereiter des Dao sein.

Die Schlacht verlieren,
das Ich verlieren,
und den Krieg gewinnen,
das Dao gewinnen,
mit dem Duft der Natur
und des Mannes
und der Frau
und des Unsagbaren.

1. 5. 1991

Zu Kapitel 70 des Daodejing

Ich bin,
der ich bin.
Ich bin in allen Kulturen
für alle Menschen da.
Mein Wort
gerät in Vergessenheit
und wird geschmäht.
Doch mein Wort
kehrt nicht uverrichteter Dinge
zu mir zurück.
Es führt das aus,
was ich ihm aufgetragen habe.

Ich bin tiefer
als der tiefste See,
wandlungsfähiger
als die Bilder im Kaleidoskop,
unverrückbarer
als der höchste Berg.

Du sollst dir
kein Bild von mir machen.

2. 5. 1991

Zu Kapitel 71 des Daodejing

Die eigene Unwissenheit zu kennen,
bedeutet Stärke.
Diese Stärke ist sehr stark.
Man kann sie nicht
gefahrlos zeigen.
Man wird angeklagt.
Man trinkt den Schierlingsbecher,
obwohl man fliehen könnte.

Der Weise ist unangreifbar
und doch gefährdet.
Der Weise ist frei.

3. 5. 1991

Den Schierlingsbecher trank Sokrates.

Zu Kapitel 71 des Daodejing

Im späten Frühling
hat die Pappel
grüne Blätter.
Durch Sonne und Regen
empfangen sie Leben
und geben es weiter.
Die Blätter wissen nicht,
was sie tun.
Unfruchtbares
machen sie fruchtbar.

So ist die Art der Weisen.

3. 5. 1991

Zu Kapitel 72 des Daodejing

Dem anderen dienen,
ohne ihn zu bedrängen.
Dem anderen begegnen
und dabei innerlich
im Schweigen sein.
Dann kommst du zum anderen
vom Sein her.
Dann kann der andere
in deiner Nähe sein,
ohne missbraucht zu werden.
Dann kann der Atem
frei fließen.

4. 5. 1991

Zu Kapitel 73 des Daodejing

Schwarze Vögel
am Himmel
begrüßen
die aufgehende Sonne.
Endlich
ist ein wenig
Schnee gefallen.
Der Autobus
bringt mich zur Arbeitsstätte.

Manchmal
wehre ich mich
gegen die Entfremdung
meines Lebens.

Aber welcher Ort
und welche Situation
könnten dem Dao
jemals fremd sein?

20. 1. 1983

Zu Kapitel 73 des Daodejing

Das Dao des Himmels
verfügt über nichts
und entbehrt nichts.
Das Dao des Himmels
ist Einfachheit
und Geborgenheit.
Das Dao des Himmels
nimmt das Leid des Einzelnen
und das Leid der Menge
sehr ernst.
Das Dao des Himmels
wartet schweigend,
bis es bemerkt
und angewendet wird.

Das Dao der Erde
hat sehr viel Kraft.
Das Dao des Himmels
und das Dao der Erde
sind eins.

4. 5. 1991

Zu Kapitel 74 des Daodejing

Ich fürchte den Tod
und sehne ihn doch herbei.
Ich wünsche den Tod
und schrecke doch davor zurück.

Ich liebe dich
und fühle mich für dich verantwortlich.
Doch eines Tages,
wenn der Atem aufhört,
werde ich so gehen,
wie ich gekommen bin.
Erst Dunkel, dann Licht.
Wie wird es sein?

5. 5. 1991

Zu Kapitel 75 des Daodejing

Materielle Armut
kannte ich nie.
Doch groß war immer wieder
meine seelische Not.

Von dem Zug der Lemminge
wird in diesen Tagen
viel gesprochen.
Ein nasser, erschöpfter Lemming
bei dem Versuch,
einen Hügel zu erklimmen:
Wird es gelingen?

5. 5. 1991

Zu Kapitel 76 des Daodejing

Auf der Brücke
über der Donauinsel
taucht der Bus
von der Sonne
in den Nebel.
Auf der anderen Seite
scheint wieder die Sonne.
Reste des Nebels
liegen noch in der Luft.

Lassen wir
die Suche nach Symbolen.
Der Nebel ist der Nebel.
Die Sonne ist die Sonne,
sonst nichts.
Das Leben ist,
wenn geatmet wird.
Der Tod ist,
wenn der Atem aufhört.
Doch auch in diesem Augenblick:
Aufmerksamkeit.

6. 5. 1991

Zu Kapitel 76 des Daodejing

Das Starre wird gebrochen.
Das Biegsame richtet sich wieder auf.
Das Harte und Starke sinkt nach unten.
Das Sanfte und Schwache steigt empor.

Wenn nun aber das Biegsame gebrochen wird?
Wenn das Sanfte und Schwache unterdrückt wird,
weil man seinen Einfluss fürchtet?
Wenn das Starke triumphiert,
und dann erst
der Sieg des Schwachen offenbar wird?
Wenn dieser Sieg
verkannt, missbraucht, verdorben wird?
Und ist doch nicht aufzuhalten.

7. 5. 1991

Zu Kapitel 77 des Daodejing

Wie kann ich
dem Dao
entsprechen?

Nicht ja sagen,
Nicht nein sagen,
sondern fließen...

27. 1. 1983

Zu Kapitel 77 des Daodejing

Wie kann ich
dem Dao
entsprechen?

Schweigen
und aus dem Schweigen:
Ja sagen,
wenn es Ja ist;
Nein sagen,
wenn es Nein ist.

25. 12. 1990

Zu Kapitel 77 des Daodejing

Die Bilder
kommen und gehen
im Bewusstsein.
Die Dinge
kommen und gehen
in der Welt.

Schweigen, Gleichmut.
Lassen, Geben.
Selbst zur Erde werden,
auf der alles wachsen
und gedeihen kann.
Die Wehen der eigenen Geburt
überstehen.
Nicht danach fragen,
ob es so recht ist.
Ein Mensch des Dao sein
dadurch, dass man ist.

8. 5. 1991

Zu Kapitel 78 des Daodejing

Wer sich weichlich gehen lässt,
wird konturlos.
Wer sich eisern in Zucht nimmt,
wird starr.
Wo ist der Weg?
Wo ist die Quelle?

Die Welt hat die Verirrung
auf die Spitze getrieben.
Mein Organismus
mit seinem Leid
trägt ein Stück
des kollektiven Leids.
Da gibt es kein Ausweichen,
nur die Verwunderung
und das Wunder.

9. 5. 1991

Zu Kapitel 78 des Daodejing

Wenn die Möwe
über dem Meer fliegt,
so tanzt ihr Schatten
auf dem Wasser mit.
Wenn sich die Möwe
unten niederlässt,
so kommt ihr Schatten
und berührt sie.

Im Flüchtigen
und Vorübergehenden
sind Spuren der Dauer
zu finden.
Was geschieht,
ist das, was geschieht.
Eine andere Bedeutung
hat es nicht.

9. 5. 1991

Zu Kapitel 78 des Daodejing

Wer die Demütigung der Menschen
auf sich nimmt,
ist fähig,
einen freien Raum zu schaffen
für ihre Verwandlung.
Wer das Unglück der Welt
auf sich nimmt,
verdient es,
erhöht zu werden.
Wer den Lauf der Dinge
nicht gewaltsam verändert,
wird durch lange Zeit
nicht verstanden.

9. 5. 1991

Zu Kapitel 78 des Daodejing

Nichts ist nachgiebiger
als das Wasser.
Nichts verwandelt die Dinge gründlicher
als das Feuer.
Nichts ist beweglicher
als die Luft.
Nichts trägt die Dinge mit größerer Festigkeit
als die Erde.

Die Elemente
sind unsere Geschwister.
Mögen sie sich versöhnen
in meinem Organismus
und in der Welt.

9. 5. 1991

Zu Kapitel 79 des Daodejing

Menschenverachtung
führt zu Streit.
Aufmerksamkeit
bei der Begegnung mit Menschen
führt zu Mitleid.
Wie kann ich
in Ruhe das tun,
was für mich wichtig ist,
wenn ich nicht
auf das achte,
was für dich wichtig ist?

Am blauen Himmel
eine große, weiße Wolke.
In ihr schimmert
das Licht der Sonne.

9. 5. 1991

Zu Kapitel 80 des Daodejing

In dem Land,
das den Menschen entspricht,
hat der Transitverkehr
keine Bedeutung.
Der Rüstungswettlauf
hat aufgehört.
Die Informationsflut
wird nicht beachtet.
Speisen, Kleidung und Gebäude
sind einfach und solide.
Weil die Menschen
einander in Frieden lassen,
haben sie alles,
was sie brauchen.
Sie verstehen es,
zu leben
und zu sterben.

Es gibt auch
das Schattenland.
Es gibt auch
die Blindheit und die Verstocktheit.

10. 5. 1991

Zu Kapitel 81 des Daodejing

Eine Kerze brennt,
und dann verlöscht sie.

Du gehst und siehst
immer neue Horizonte,
bis eines Tages
kein Horizont mehr da ist.

Das Namenlose
hat keine Namen.

2. 2. 1983

Zu Kapitel 81 des Daodejing

Gib dich nicht ab
mit dem Sein.
Frage nicht
nach dem Nichts.
Halte dich nicht
an Regeln.
Vergiss jedes Wort,
das hier aufgeschrieben ist.

Das Unnennbare
und du
in jedem Augenblick
in einer Weise
des Lächelns.

10. 5. 1991

Epilog zum Daodejing

Das Dao ist nicht da
und ist doch in uns
und in der Welt.
Es gibt nichts Vordergründiges
und nichts Hintergründiges.
Lassen wir alle Unterscheidungen los.
Wir haben noch viel vor,
ohne Zeit und Raum zu beachten,
ohne uns ein Ziel zu setzen.

26. 3. 1991

Epilog zum Daodejing

Der Mensch ist zerbrechlich,
und doch keimt in ihm
unzerstörbares Leben.
Musst du dich schützen?
Weniger als du glaubst.
Kannst du Vertrauen schenken?
Mehr als du ahnst.

Nun schließen wir
das Daodejing.
Das Gesagte
und auch das Ungesagte
schöpft das Geheimnis des Menschen
nicht aus.

15. 4. 1991

Über den Autor

Werner Krotz, Jahrgang 1941, wurde in Wien geboren. Bereits während seines Studiums an der Universität Wien, welches er mit Dr. phil. abschloss, lernte er die Bedeutungen der Worte infrage zu stellen.

Seine schriftstellerischen Tätigkeiten umfassen Lyrik und Kurzprosa, Dramatik und Drehbuch, Bearbeitungen von Texten der Bibel und des Daodejing und Sachbücher zu einer neuen Theologie und Weltsicht. Genaueres kann auf seiner Website www.wernerkrotz.net nachgelesen werden.

Er ist Vater von vier erwachsenen Kindern und lebt zusammen mit seiner Frau in der Nähe von Wien.

E-Mail-Adresse des Autors: werner.krotz@gmx.net
Website des Autors: www.wernerkrotz.net

Bearbeitungen von Werner Krotz
(in Auswahl)

Du bist da – Die Psalmen der Bibel in neuer Bearbeitung
260 Seiten, illustriert, Persimplex Verlag 2008

Die Passagen von Selbstgerechtigkeit und Hass sind verwandelt.

Hände weg, doch pack an - Das Daodejing in neuer Bearbeitung
mit einem Anhang: Gedichte zum Daodejing
138 Seiten, illustriert, Persimplex Verlag 2009

Eine Neuschöpfung des Daodejing aus der Quelle authentischer Lebenserfahrung und aus dem Geist der Liebe.

Lyrik / Kurzprosa von Werner Krotz

(in Auswahl)

zeit wie flüssige kristalle - Gedichte

1. Auflage, 96 Seiten, Arovell Verlag 2000

3. Auflage, 104 Seiten, tredition 2017

auf der zeitachse liegt man nicht gut

komplott der liebe - Gedichte

2. Auflage, 116 Seiten, tredition 2017

gott ist tot wer versteht dieses komplott

Gedichte aus der Wüste - Das Ende einer Liebe

25 Seiten, E-Book, Bookrix 2012

lass die hoffnung fahren übers meer

Glücklich in Petrití - Urlaubsimpressionen aus Korfu

100 Seiten, tredition 2015

Kurzprosa und Lyrik eines Urlaubs

Happy in Petrití – Impressions from a vacation on Corfu
translation by Angelika Rust
100 pages, tredition 2016

Short prose and lyric poetry of a vacation

Im Zentrum des Zyklons – Gedichte und Kurzprosa
156 Seiten, Medu Verlag 2016

Enthält alle Texte, die der Autor in seinen literarischen Tagebüchern bis Oktober 2014 als grundlegend für sein Leben gekennzeichnet hat.

Auf dem sattellosen Windpferd – Gedichte und Kurzprosa
180 Seiten, Medu Verlag 2017

Enthält Texte, die der Autor in seinen literarischen Tagebüchern bis Mai 2016 zu den vier Elementen Erde, Wasser, Feuer und Luft (Wind) geschrieben hat.

Zeitfracht Medien GmbH
Ferdinand-Jühlke-Straße 7
99095 Erfurt, Deutschland
produktsicherheit@kolibri360.de